# LOS VERSOS DE CORDELIA

99
# LOS VERSOS DE CORDELIA

XXXI Premio Poesía Ciudad de Cáceres
Patrimonio de la Humanidad

Un jurado presidido por Luis Alberto de Cuenca
y Prado, e integrado por Diego Doncel, Irene
Sánchez Carrón, Pilar Galán y Teófilo González
Porras como vocal y secretario del Jurado, en
presencia del concejal de Cultura del Ayuntamiento
de Cáceres, Jorge Suárez Moreno, otorgó al libro
*El rumor de la ceniza*, de Bruno Pardo Porto, el
XXXI Premio de Poesía Cáceres
Patrimonio de la
Humanidad.

# El Rumor
# de la Ceniza

Primera edición en LOS VERSOS DE CORDELIA, septiembre de 2025

Edita: Reino de Cordelia
www.reinodecordelia.es
🇽 📷 @reinodecordelia   f facebook.com/reinodecordelia
▶ www.youtube.com/c/ReinodeCordelia01

Derechos exclusivos de esta edición en lengua española
© Reino de Cordelia, S.L.
C/Agustín de Betancourt, 25 - 6º pta. 13
28003 Madrid

El papel utilizado para la impresión de este libro, fabricado a partir de madera procedente de bosques y plantaciones sostenibles, es cien por cien libre de cloro y está calificado como papel reciclable

Cubierta: Detalle de *El fumador (Frank Haviland)*, de Juan Gris

   Este Premio de Poesía ha sido convocado y organizado por la Concejalía de Cultura del Ayuntamiento de Cáceres

IBIC: DCF | Thema: DCF
ISBN: 97913-87599-15-7
Depósito legal: M-18530-2025

*Diseño y maquetación:* Jesús Egido
*Corrección de pruebas:* María Robledano

Imprime: Técnica Digital Press
Impreso en la Unión Europea
Printed in E. U.
Encuadernación: Felipe Méndez

# El Rumor
de la Ceniza

## Bruno Pardo Porto

# Índice

Aún tus ojos descansan en la noche
con esa paz de muerte que sigue a la belleza…

I

# Auto de fe

HAY UNA LUZ, y es un cigarro
y es un acto de fe volver a casa
algunas noches, salvar el fuego todavía:
decir pavesa
y en ese mismo labio ser ceniza.
Qué silencio pudiera ser el hombre
y sin embargo...
No existe el cielo
y hay que alumbrarlo:
algo imposible como un Dios,
como un misterio.
La sombra avanza hacia su centro.
Cien ojos cambian de color
—qué frío amanecer—

y es el desvelo tu mirada.
*Hay lágrimas más grandes que tu cuerpo*
y un mar que crece hacia la orilla...

# Cuerpo ausente

LA TRISTEZA es un cuerpo ausente
en la mañana.
Entre las sábanas
los labios buscan una grieta dulce
como el ciego. Y un aroma
a ropa vieja los despierta.
Siempre es así, siempre es lo mismo:
tu piel en la pared
la momentánea luz de un beso antiguo
el corazón que aprieta
en la ventana.

# Casa vieja

En esta casa habitan los demonios
igual que la sed descansa en el mar
cuando apagas la luz.

Ya sé que no estoy solo.
Lo noto aquí, en el pecho,
en este hogar de multitudes
y reinas de la noche.
En el fondo.

Cada sombra necesita su nombre,
una brasa, una llama azul,
una palabra que no la deje crecer en el frío.
Que la meta en la cama.
Que la ponga a dormir.

No se puede odiar lo que no se ama,
no se puede inventar un corazón,
no se puede morir en el placer.

También hay que aprender la lluvia.
Decir adiós, cerrar la puerta.
Sentir el frío. Resistir.

El niño muerto camina descalzo.
El que conoce todos los secretos,
eso que nunca ocurre con los vivos.

Este es el hombre, esta es su casa:
el lugar donde nacen los naufragios.
Y el deber de nadar.

# Otoño

LLENA DE MUERTE amanece la calle
y hay belleza en el crujir de las hojas
secas, en la derrota del verano
y en la ruina. Misterios de una tarde
detenida en tu mirada, razones
para volver al parque, excusas
para el poema:
lo que fue y lo que queda;
una raya en el agua,
el reflejo de un rostro envejecido
y su memoria.

# Noche vacía

Todo está ardiendo y nada
grita. Llamas azules
crepitan en silencio.
Un dolor lejano llama a la puerta.

La noche está vacía.
No mienten los pulmones
negros, ni la ceniza:
el mar llegará tarde, como siempre.

# II

# Volver

Es difícil volver
fingir que el tiempo es una convención
de gentes aburridas
o que la sangre no envejece
en medio de la ausencia
(la eternidad existe
la eternidad
es una carta escrita en la pared).

Ya sabes que la piel tiende a la piedra
cuando ataca el invierno
y que no es sencillo encender un fuego
con solo nuestras manos
como no es sencillo parir hijos entre ruinas
o encontrar la fe entre tanto ruido.

Un corazón nunca es igual a otro corazón
por eso cada dios tiene su lengua
su miedo propio
sus caprichos de niño insomne.

Es muy difícil estar lejos,
pasear el cementerio de recuerdos
brindar con las palabras.

La vida se define en la memoria
en el instante mismo en el que muere la promesa
o que renace.

El tacto también tiene sus misterios.

# Fantasmas

TE ESCONDÍAS debajo de la cama.
Las manos sobre el rostro en la primera
tormenta del verano.
Aullaba el viento, tú temblabas
de miedo y aun así jurabas frío.
No era tu culpa.
Todo lo viejo encerraba un espectro.
La madera hablaba una lengua extraña
y nadie respondía al otro lado:
un ruido, una amenaza.
Es muy difícil ser niño y estar solo
en una casa grande.
A ver cómo te explico que el tiempo pasará.
Que ahora solo quieres abrazar a tus fantasmas.

# Lisboa

COMO TODO lo invisible hay que intuirla
entre las grietas. En el frío
de un templo abandonado.
En su oración quebrada por la noche.
Se rompe el tiempo. Palpita la mano
sobre el muro
y ya la luz se enturbia con el cielo
(no hay techo en las ruinas).
Bajo los pies cien mil desventurados
aún buscan un sentido. Nadie baila
en el infierno de la culpa.

# Ni son silencio

LAS LLAMADAS que se recuerdan no son llamadas
ni son ojos los ojos
que se recuerdan
ni las manos ni el rostro ni los gestos
ni aquel reloj dorado ni el cuchillo
de afilar lápices
(¿te acuerdas de los lápices?)
ni los dibujos.
Los niños no son niños.
Los hombres no son hombres
la virgen olvidada no es un hueco
en la pared
no ladra el perro
no reza el penitente

no es leña el árbol seco ni el caballo
no cruje el suelo
ya no suena el teléfono
y dios espera
entre el templo y la ruina
(tal vez milagro).
La casa no es tu casa
ni las persianas ni los ruidos
ni el jardín.
Este es otro desorden
otra manera de perder el tiempo
y encontrarlo en las cuentas de un rosario
perdido en un cajón de carpintero.
Hay sombras calientes todavía
(no es invierno)
y aún entra el sol por la ventana
si alguien mira, si alguien riega las plantas
cuando deja de llover:
no volverá la selva y sin embargo
no son dioses los muertos
ni son fantasmas si se recuerdan
ni son silencio.

# Tan largamente

Así COMO yo sangro
tan largamente
así mueren los dioses en la orilla
y se levantan tarde como templos.

# Así de largos

TE HAS IDO lejos de ti mismo
y eres un náufrago
y ya tienes el peso del mar en la garganta
y su amargor de vida azul
y su llanto de pájaro perdido
(los pulmones cansados).
Te mueres y el mundo se está hundiendo
lentamente, como se mueren
los amores eternos
como se muere todo lo que ha sido.
Y hay días que son así, parecidos
a un mal año. Así de largos.

# Tal vez deseo

CAMINA CON NOSOTROS, nos persigue:
el dolor más antiguo de los hombres
el recuerdo de un mundo sin ciudades,
la derrota de aquel edén distante.
Se extiende más allá de nuestros cuerpos:
reflejo nocturno a veces
o revelador o desobediente,
refugio de verdades
que todavía hieren.
No cabe en la nostalgia, la desborda;
lo cubre todo con su fino manto
y sobre él fundamos nuestras vidas:
masa de sombra irremediable,
fantasma, espectro,
o tal vez deseo.

# Sísifo

TE SENTASTE en tu piedra, Sísifo
y se marchitaron las flores.

# Un mal sueño

TODO CUERPO esconde una tormenta
o un incendio debajo de la piel:
la posibilidad de una catástrofe,
el centro exacto del desorden.

El infierno tiene la densidad de un mal sueño.

Sobre la mesa
un vaso anuncia el estado de las cosas que se derriten.
El peligro es una ventana rota
por la que ya no mira nadie.

También la sangre es negra.
También la sombra tiene derecho a la palabra

y a la locura.
Imaginar es tener miedo.
Guardar silencio
es cuestión de supervivencia.

Un espejo se devora en su curva.
El polvo crece
en el mismo lugar en el que muere la vida:
donde acaba el tiempo
donde empieza la ceniza.

# Fotos

Has vuelto a casa. Es tarde ya
y aún las fotos encima de la mesa
con su quietud mortal,
con su frío de noche inacabada.
Das la luz, te desnudas y es extraño
el silencio de la vida en el papel:
la mano sobre el hombro
la sonrisa feliz y sin sentido...
Las cosas suceden en otra parte;
el tiempo duerme con un ojo abierto.
Respiras hondo: es tarde ya
y en tu soledad tiemblan los recuerdos
igual que los testigos ante el juez.

# III

# Prodigio

Bᴀᴊᴏ el fénix.

Nadie lo tocó por miedo a quemarse.

Todos murieron de frío.

# Plegaria

Ven.

Abrázame.

Yo sé que tus espinas son de rosa.

# Ofrenda

Un corazón desnudo
como el niño en la playa.

# Espera

Está lloviendo y yo estoy seco.

# Milagro

SE ABRAZAN dos nostalgias
empieza a llover en septiembre.

# Ebriedad

EL AGUA en vino
y el vino en sangre.

# IV

# Maneras de morir

LLAMAR SUICIDIO al sacrificio
y leña al árbol
o piedra a la montaña:
hay muchas formas de matar;
decir fuego y no hoguera
creer muerto al fantasma
y negar la ficción;
llamar sangre a la herida
sueño al recuerdo
aire al oxígeno
nube al cielo
miedo al silencio
ruido al desvelo
tristeza al dolor

promesa al tiempo
sufrimiento a la culpa
olvido al perdón.
Regar flores de plástico
sonreír a la pantalla
suspirar por trabajo
rellenar agujeros negros
hablar con gatos:
también hay muchas formas de morir.

# Una sirena

HAY UN RUMOR de vértigo en el aire
frágil como el silencio
del pescador.
Quince de julio, anoche
los barcos no partieron:
hoy es belleza lo salvaje.
A lo lejos tal vez una sirena
devora a un hombre.

# Una lápida

CREEDME: aquí es más fácil morir
que conciliar el sueño.

V

# No se muere nunca

Ocurre
de pronto.

Apenas
un bandazo del alma
un quiebro del presente
en ese punto exacto
donde termina el dolor
y el recuerdo se aleja
sangrando.

Ocurre
de pronto.
Y no se muere nunca.

# Un abuelo

No VOLVERÁS, pero estuviste.
Eso es la infancia, nada menos:
un puñal en el pecho de una estirpe
un reguero de sangre
que une este mundo con el otro;
la costilla de Adán: el hueso fértil
debajo de la Tierra.

Poco a poco crecen las grietas.
Las montañas esperan en su sitio
igual que los objetos que escondemos
debajo de la cama.

La memoria es un hilo de cristal
para coser la vida.

A veces pienso que aún existes.
A veces la promesa tiene el color de un día
que se extingue
y la lentísima cadencia de la amargura.

Siempre estamos de despedida.

El tiempo nunca engaña,
el tiempo no es ningún misterio:
un abuelo es un ser para la muerte.

(…)

En el principio era el verbo
y en el final también.

# Después del paraíso

I.

Yo LO VI en el invierno de tus ojos:
nos arrancaron de la tierra
como a las rosas:
un poco de belleza
arrojada a la vida.
Fue nuestro primer viaje: el exilio
del placer, la intemperie
del deseo, la eterna
corriente de las horas.

II.

Lo empezamos a sentir en la sangre.
Es una sed antigua.

El rumor de un sueño que termina en cicatriz.
Las fechas muertas, las raíces:
desvelos de la noche.
Siempre hace frío en algún lugar de tu mirada.
A veces buscas un abrazo
en las costillas
o un silencio tan largo como el día.

III.

Yo lo he visto en las grietas de tu piel:
lloramos mar para fingir
que no todo es desierto.
Y no lo es.
Somos carne agarrada a la existencia.
Cuerpos libres o liberados.
Una fuga en el cansancio del mundo.
Un insomnio rebelde.
Una utopía.
Calor.

# Sangre fértil

Hay flores que crecen en volcanes
cubiertas de ceniza
más allá de la evidencia
allí
donde palpita la belleza
y se estrecha la vida.

Hay luz en las grietas del alma herida
sangre fértil
que agita el mundo desde abajo
hogar del corazón
donde dos más dos
no importa.

# Noctámbulos

YA EL SOL se pone
y ya la noche cubre el mundo
ya nos guían los astros
en la búsqueda de nosotros mismos.

Estallan —estallamos— las luciérnagas
ahora que podemos escribir
con la luz, las tinieblas.

(Inventamos nuestros soles)

Son horas de humo y tinta
de palabras cargadas de cansancio:

horas quemadas por la conversación;
sinceridad cubierta de ceniza.

Nos arde el corazón
hasta que llega el amanecer
maldita belleza asesina de estrellas.

# Otra noche

La noche y sus promesas de deseo
la deriva de las últimas copas
los soportales
la lluvia empujándonos
a un paso del Leteo.

Otras caras, quizás, otros bares
y la corriente de este vino nuevo
que no hace daño a nadie.

La vida y sus caprichos y ficciones
—el destino, nuestros mitos y el azar—
posponiendo los puntos suspensivos...

Circunloquios de tu cama, amor mío:
ya sabes que la luna brilla más
en los ayeres.

# Contra la muerte

HAY MUCHA sangre en la memoria.
Y hay que ser valiente para hundirse en el placer
y luego volver a tu dolor en rebeldía.
Siempre amamos contra la muerte.
Siempre fuimos David contra Goliat.

# No todo está perdido

Pero existe el fuego en invierno.
Lo sabemos. Aunque fuera tirite la noche
y las estrellas no paren de invocar el frío.

Aunque la ciudad sea hostil
y diciembre marchite calles y avenidas,
aunque los días sean cortos, grises,
y no haya mar en este asfalto
por mucho que la lluvia
nos demuestre lo contrario
... no todo está perdido.

Tenemos la vida, su tregua:
la paz de los amantes,

esta cama, este misterio
y la luz que hemos encendido.

Sí,
existe el fuego en invierno
y aquí adentro arde tu piel
y arden las palabras al tocarte.

# VI

# Una isla griega

CAYERON los imperios, es domingo
y las olas golpean las ruinas
al compás de tus deseos.

Todo está bello y tranquilo, en su sitio:
el humo entre tus dientes, los susurros,
la oración del buenos días.

Ya no esperamos nada
tan solo hazañas cotidianas,
viejos rincones compartidos
—tus labios de Oriente, la piel salada,
la orilla que hemos conquistado—.

Aquí no existe el mundo, solo esta isla:
miles de metros, un mar,
dos almas celebrando el amor.

# Otra isla griega

Así COMO las cosas previsibles
nos sujetan a la vida,
así el atardecer acuna el alma
en una orilla. Así como el mar,
antiguo y sin embargo nuevo;
así como el viento, como el sol, como las olas,
como aquello que ocurre muchas veces;
así urde la belleza su victoria.
Agosto dura lo que dura un mito.

# Bodegón de madrugada

CAE LA CENIZA sobre mí
como pétalos de fuego
llevados por el viento
de tu respiración.

# Imitación

MIRA OTRA VEZ, de nuevo nuevamente el paisaje,
la piedra golpeada por el mar,
un camino lejano en la montaña,
«tal vez la cueva
del último eremita»
—como tantas otras veces fantasea—.
El sol se está poniendo y los amantes
emprenden el regreso a casa.
La playa se desnuda: el vino frío
suda en las copas las cigarras
callan sus secretos el día
cuenta su historia en una lengua muerta
«¿y no acaban así todos los mitos?».
De pronto

recuerdas el primer verano en Grecia
aquella isla donde intuimos plenitud
y fuimos solo tiempo
arena
sobre
arena.
Hay luz pero no sombra
y un paisaje más bello todavía:
el mar en calma
y el aire tan ligero y las gaviotas.

«Hemos vivido más que nuestros sueños
—me dices al oído—
pero esta vida imita a la memoria».

# Amistad

Nos veo ahí sentados
una tarde cualquiera de diciembre.
Hay una hoguera encendida con palabras,
recuerdos que brillan como veranos
cenizas hermanadas por la vida.

Hemos compartido mucho, nosotros
cruzamos las fronteras a la vez
y dejamos el mar allá a lo lejos
cuidando del hogar
—la playa no envejece
en la playa siempre es infancia—.

Qué humilde es lo concreto.
Sabemos de lo que hablamos. Basta una mirada
para resumir la herida, para comprender.
Para invocar la verdad del abrazo,
la verdad más antigua de esta especie.

Cuando falta el aire brindamos
porque amistad es tener pulmón en pecho ajeno
y así vamos tirando hacia el futuro,
siempre en rebelión contra el olvido.

No tenemos más fe que nuestra lluvia,
una tarde cualquiera de diciembre.
Nosotros, ahí sentados.
Nosotros
cómplices de nosotros mismos.

# Cierra los ojos

CIERRA LOS OJOS, contempla otra vez
aquella noche. Escucha el rumor
del mar helado, la secreta intimidad
de las estrellas. Algo decían con la luz…
Era hermoso el baile de las manos, esa sed
de náufragos con suerte
y el latir de la piel contra la piel
sobre la arena.
Temblaba diciembre. El viento agitaba
promesas encendidas:
nacía el mundo. Éramos nosotros.
No debes olvidarlo.

Esta primera edición en
LOS VERSOS DE CORDELIA de
*EL RUMOR DE LA CENIZA*
se acabó de imprimir
en el verano de 2025

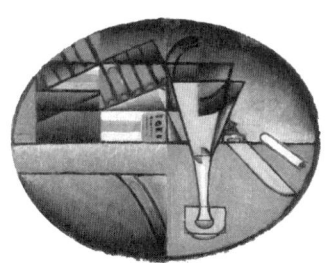

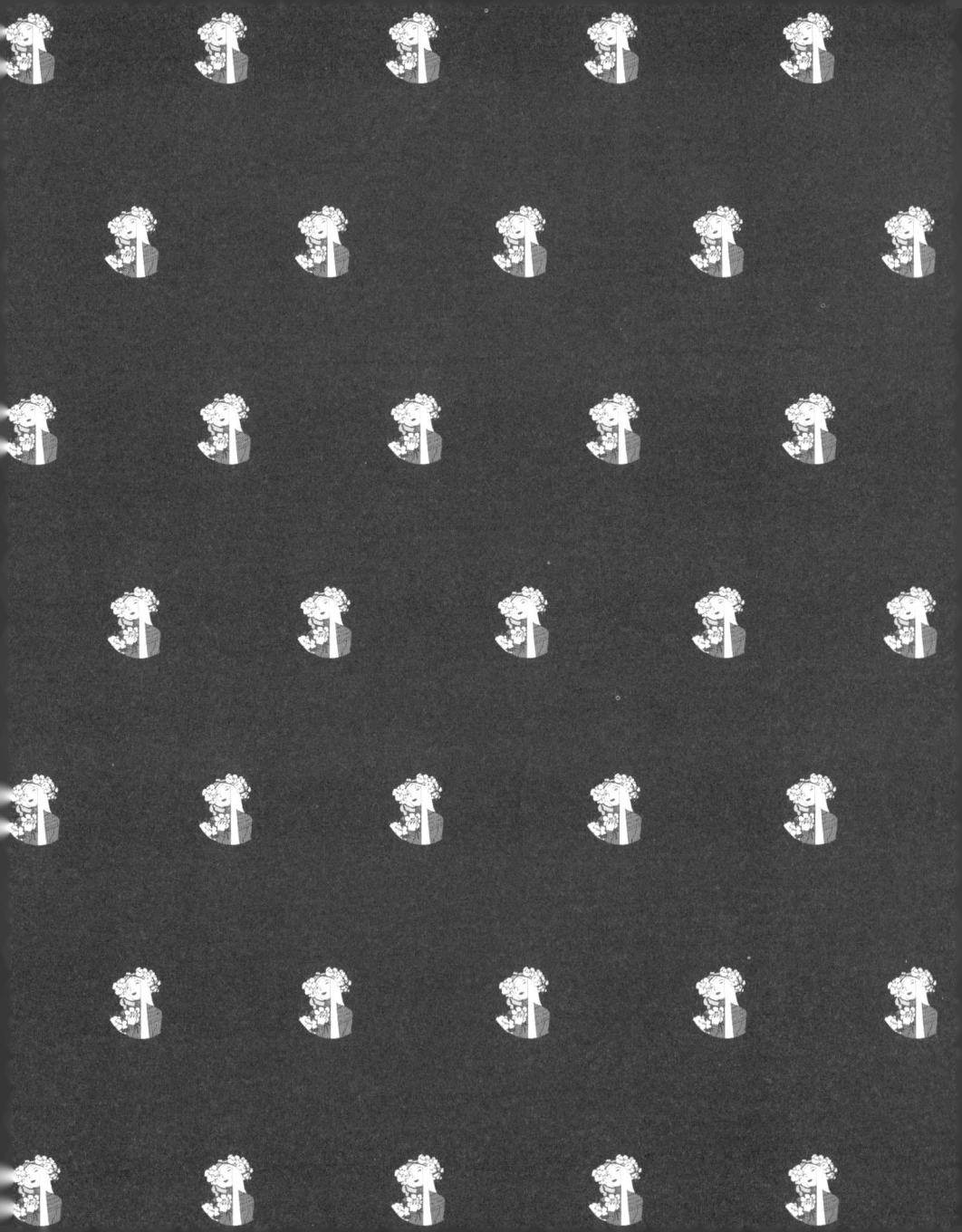